AF331802

DE L'ORGANISATION

DU

CRÉDIT FONCIER.

PARIS,

IMPRIMERIE ADMINISTRATIVE DE PAUL DUPONT,

Rue de Grenelle-Saint-Honoré, 55.

1848

DE L'ORGANISATION

DU

CRÉDIT FONCIER.

Le moment est venu pour tout citoyen qui a du cœur, du patriotisme et l'amour de ses frères, d'apporter au pays le tribut de son intelligence et le résultat de ses méditations. Pour notre part, nous apportons l'organisation du crédit foncier ; nous ferons même quelque bien au crédit commercial et industriel ; car un grand nombre de commerçants possèdent des immeubles qu'ils peuvent affecter en garantie.

Situation de l'agriculture.

Les spéculations commerciales produisent généralement leur effet dans un laps de temps très-court ; la durée d'une année suffit, d'ordinaire, pour la rentrée des fonds qui y sont engagés et pour la réalisation des bénéfices de l'entreprise. Il n'en est pas de même des opérations agricoles. Cette industrie a toujours besoin d'un terme éloigné pour recueillir le fruit de ses avances ; ce n'est qu'au bout d'un plus ou moins grand nombre d'années que l'agriculture commence à s'indemniser de ses peines et de ses sacrifices, chacun le sait. Il est évident, dès lors, que si les emprunts hypothécaires, tels qu'on les pratique, peuvent, à la rigueur, suffire au commerce, tout en lui devenant plus ou moins onéreux, ils sont loin de favoriser le développement de l'industrie agricole. Ils ne lui viennent en aide que pour l'étouffer ; et comment en serait-il autrement ?

La durée des emprunts, qui est fréquemment de un, deux, trois ans, ne dépasse que bien rarement cinq ans, même pour des capitaux importants. Or, ce dernier terme lui-même est tout à fait insuffisant pour la reconstitution du capital emprunté. A peine si le cultivateur peut commencer alors à retirer de ses fonds des produits qui, en agriculture, ne sont jamais que lents et progressifs. Au terme de son crédit, il se trouve donc infailliblement hors d'état d'opérer le remboursement, et au moment même où il aurait pu toucher à son but moyennant un plus long délai, il lui faudra vendre sa propriété ou se résoudre à un emprunt non moins onéreux que le premier, ou, ce qui est pis encore, subir une expropriation forcée, s'il n'a pas d'autres biens à hypothéquer aussi. Ce fâcheux état de choses se reproduira d'ailleurs inévitablement, au terme de chaque emprunt, c'est-à-dire tous les deux ou trois ans, de sorte que le malheureux travailleur use ses forces, sa jeunesse et sa vie sans le moindre profit ni pour lui ni pour les siens ; deux ou trois emprunts, au contraire, suffisent à le dépouiller de ce qu'il possédait auparavant.

Remède à y apporter.

Un premier moyen d'atténuer les effets d'une calamité aussi générale, quoique si déplorable, consiste évidemment dans la combinaison d'un système de libération qui permettrait à l'emprunteur de s'acquitter, en un grand nombre d'années, par des payements annuels renfermant l'intérêt et la prime d'amortissement. C'est le système préconisé, dans ces dernières années, par un grand nombre de bons esprits.

On ne peut nier que ce mode de libération n'offrît de précieuses facilités et par conséquent des avantages réels, bien qu'il laisse subsister tous les frais de toute nature qui grèvent les opérations hypothécaires, mais il ne serait pas complet. L'emploi, en effet, et le succès de l'emprunt dépendent communément de l'action personnelle, de la surveillance des travaux, des soins incessants du père de famille et conséquemment de la prolongation de son existence. Sans lui, les travaux, privés d'expérience et de direction, marcheront sans règle et au hasard, et seront loin de produire les résultats qu'on pouvait espérer d'un emprunt contracté dans les vues les plus sages. La mort venant à le surprendre, au moment peut-être où ses soins allaient devenir productifs, il lègue à sa veuve et à des enfants trop jeunes ou inhabiles, une entreprise ébauchée ainsi que le fardeau d'un plus ou moins grand nombre d'annuités qui doivent être acquittées, coûte que coûte, jusqu'au terme convenu.

Il est évident qu'une pareille éventualité pèse encore d'une manière trop fâcheuse sur l'avenir de la famille. Elle laisse de cruelles inquiétudes dans l'esprit de son chef et des impossibilités de libération après lui.

Pour porter au mal un remède efficace, radical, et pour obvier à ce qui reste d'inconvénients attachés au système qui vient d'être exposé, les prêts ne devront plus avoir lieu désormais que sous forme de placements en viager sur la tête des particuliers à qui l'emprunt sera devenu nécessaire. De cette manière, l'emprunt sera amorti dès l'origine, et, à quelque époque que la mort vienne enlever l'emprunteur, il emportera du moins, en mourant, la consolante certitude de ne point léguer à une femme ou à des enfants des obligations onéreuses et le plus souvent impossibles à remplir. Il jouira ainsi, à ses derniers moments, de l'heureux espoir que sa succession pourra plus facilement mener à bien des travaux qu'il laisse incomplets. Si l'emprunteur venait à mourir dans le courant de la première année, par exemple, il n'aurait pas payé un centime, et la somme reçue par lui n'en serait pas moins acquise à ses héritiers, libre de toutes charges. C'est l'assurance en cas de décès, payable d'avance. L'emprunteur obtient de la sorte, par une seule et même opération, et des ressources pour son compte personnel, et les résultats ordinaires d'une assurance en cas de mort en vue de ses héritiers.

Si d'ailleurs l'emprunteur était trop âgé pour obtenir, à un taux suffisamment modéré, la concession de l'emprunt, il pourrait se rajeunir par l'adjonction d'une ou plusieurs autres têtes. Il pourrait aussi emprunter sur la tête d'un ou de plusieurs de ses enfants, avec condition de survivance dans le cas de plusieurs têtes réunies ; ce qui réduirait considérablement le taux viager de l'emprunt, au point de le rapprocher imperceptiblement du taux de l'intérêt perpétuel.

A quel taux faut-il prêter à l'agriculture pour que le prêt lui soit avantageux ?

Jusqu'à ce jour l'emprunteur, livré qu'il était au bon vouloir, souvent même au caprice et toujours à la rapacité du bailleur de fonds, ne pouvait que se ruiner. Les départements, ceux de l'Est surtout, écrasés par l'or des Juifs, en savent quelque chose ; de récentes colères le prouvent de reste. Il n'était pas possible, nous l'avons dit déjà, qu'il en fût autrement. Nous allons le prouver encore.

Il se fait chaque année, en France, pour 600 millions d'emprunts hypothécaires portant sur 330,000 individus. 230,000 emprunts, c'est-à-dire plus des deux tiers, sont de 500 francs et au-dessous, et des emprunts d'aussi mince importance ne sont jamais consentis que pour un an, deux ans au plus. Or, voici ce que coûte une obligation de 500 francs, ou, en d'autres termes, il faut prélever sur un prêt de pareille somme :

1° Pour la minute de l'obligation................	5 f.	» c.
2° Pour droit d'enregistrement....................	5	50
3° Pour timbre (minute et expédition).,..........	3	20
4° Pour l'expédition, ordinairement trois rôles....	4	50
5° Pour bordereaux de créance....................	3	70
6° Pour l'inscription, environ....................	3	»
7° Pour vérification de la situation hypothécaire de l'emprunteur, environ....................	3	»
TOTAL.........	27	90

Plus tard, c'est-à-dire au moment de la libération, il faut ajouter :

1° Pour la minute de la quittance................	5	»
2° Pour l'enregistrement.........................	2	75
3° Pour le timbre............................	2	85
4° Pour l'expédition et pour un extrait du conservateur......................................	3	»
5° Pour la radiation de l'inscription.............	1	35
6° Pour l'intérêt à 5 p. 0/0 seulement, chose plus rare qu'on ne pense........................	25	»
On obtient ainsi un total général de......	67	85

c'est-à-dire 13 fr. 57 c. pour 100 du capital, lorsque l'emprunt ne se fait que pour un an, et 9 fr. 28 c. pour 100 lorsqu'il a lieu pour deux ans, terme le plus long de ces modiques prêts, sauf les plus rares exceptions.

Plus la somme empruntée est faible, plus s'élèvent les charges qui pèsent sur l'emprunteur ; car les droits de timbre, le salaire du conservateur, les frais d'expédition ne varient pas. Ainsi, pour un capital de 100 à 300 francs, le moins qu'il puisse en coûter, c'est 20, 17 et 15 pour cent ; or, le nombre des inscriptions de 300 francs et au-dessous est de plus de moitié de toutes celles qui ont lieu annuellement.

Cela veut dire que les emprunteurs des sommes de 300 francs et au-dessous, non-seulement se ruinent, mais encore doivent mourir de faim ; car le produit total de l'agriculture n'est, pour le moment, que de 12 à 14 pour cent.

Le produit total de l'agriculture n'étant, comme nous venons de le dire, que de 12 à 14 pour cent, il résulte de là que le taux du prêt ne doit pas dépasser 6 pour cent, car il faut au cultivateur de 3 à 3 1/2 pour subvenir à ses besoins, et de 2 1/2 à 3 ou 4 pour cent pour l'amortissement de sa dette. Les choses étant ainsi, il est urgent de ne pas même augmenter le taux de l'intérêt, des frais inhérents à toute obligation hypothécaire, soit pour l'engagement, soit pour la libération, bien que ces frais divers dussent être beaucoup moins sensibles par l'emploi du nouveau système de prêts au moyen duquel ils se trouveraient répartis sur toute la durée de la vie d'un homme, au lieu de peser sur une année seulement ou sur un petit nombre d'années. Nous trouverons plus tard les moyens de compenser cette suppression de recette pour le Gouvernement qu'un pareil impôt rend d'ailleurs odieux, car le timbre et l'enregistrement sont deux institutions antipathiques au public.

Quel doit être le bailleur de fonds ?

Le Gouvernement. Qu'on ne s'effraie pas, ce n'est point un fardeau que nous voulons imposer à l'État ; c'est au contraire une entreprise très-productive que nous voulons lui faire adopter pour le plus grand bien de tous et de lui-même en particulier. L'application sera d'ailleurs fort simple et peu coûteuse, vu l'organisation déjà existante de la recette des finances. Une simple division de plus au ministère des finances suffira à cette tâche. On l'appellera, plus tard nous verrons pourquoi, division des rentes viagères.

Nous avons dit que les prêts s'élevaient, en moyenne, à 600 millions par année. Quel établissement privé, quel capital social fixe pourrait subvenir à de pareilles exigences ? Pour satisfaire aux besoins de tous, il faut l'argent de tous. La caisse des prêts à l'agriculture ne doit pas se présenter sous forme d'entreprise dotée d'un capital social déterminé. Fût-il d'un milliard, ce capital ne suffirait pas aux opérations de trois années, mais elle doit être un vaste et inépuisable réservoir qui se remplira d'un côté en même temps qu'il se videra de l'autre. L'argent des banquiers, des capitalistes et surtout des prêteurs habituels par hypothèque, aussi bien que celui des petits détenteurs de fonds, doit y affluer en masse. C'est donc le Gouvernement seul qui peut se charger d'une pareille entreprise. Lui seul est assez fort et peut inspirer la confiance nécessaire pour cela.

Que si, malgré l'immensité des besoins, l'affluence des capitaux était trop considérable, le Gouvernement trouverait toujours le moyen d'utiliser avantageusement le trop plein. Il l'emploierait, suivant l'opportunité, à l'extinction partielle et progressive des dettes de la monarchie et de la sienne propre ; il l'emploierait en chemins de fer, en creusement de ports, en constructions de navires, en comptoirs d'escompte dont les bénéfices serviraient à abaisser graduellement les escomptes ultérieurs. Nous ne faisons qu'indiquer ici ce nouveau genre d'intervention du Gouvernement dans les affaires des particuliers. Nous y reviendrons avant peu. Ce sera l'objet de l'organisation directe du crédit commercial et industriel.

Nous ne parlerons pas de l'hypothèse inverse, c'est-à-dire d'un vide soit total, soit partiel, parce qu'il est impossible, comme nous le verrons, par suite des dispositions et des combinaisons dont l'ensemble va être exposé.

Quels moyens employer pour amener au gouvernement les fonds des particuliers ?

Malgré la gravité des circonstances financières et politiques où nous nous trouvons, le Gouvernement se procurera, tant qu'il voudra, de l'argent à 5 pour cent.

Le premier moyen consiste, de sa part, à se charger, à l'instar des Compagnies d'assurances sur la vie, du service de rentes viagères, soit immédiates, soit différées.

Les rentes viagères immédiates ont produit, année commune, de 6 à 8 millions de recettes, au tarif actuellement employé par toutes les Compagnies. Ce tarif n'est basé que sur un intérêt depuis longtemps fixé à 3 1/2 pour cent. Cet égoïsme des Compagnies, ou plutôt l'impuissance dans laquelle elles se sont toujours trouvées, de faire valoir leurs capitaux, a constamment fait obstacle à l'accroissement du chiffre des placements en viager. Il est donc plus que probable qu'en adoptant pour base de ses calculs l'intérêt de 5 %, le Gouvernement verrait, dès la première année, tripler au moins les sommes employées aux constitutions de rentes viagères immédiates. Ce qu'il y a de certain c'est que les diverses Compagnies, au fur et à mesure de leurs ressources disponibles, s'empresseraient de faire servir par le Gouvernement, les rentes viagères dont elles sont elles-mêmes débitrices. Or, la Compagnie nationale de la rue de Ménars possède, du chef des placements en viager, environ 25 millions ; la Compagnie d'assurances générales, 15 millions ; celle dite l'*Union*, 10 millions, et celles récemment autorisées, ensemble deux millions.

Les placements à fonds perdu qui ont lieu annuellement par hypothèques, sur particuliers, représentent plus de 25 millions de capital. Ces placements reviendront au Gouvernement par les raisons qui seront développées tout à l'heure.

Quant aux rentes viagères différées, c'est-à-dire dont la jouissance doit commencer, en cas de vie des titulaires, dans 10, 15, 20, 30 et même 40 ans, leur produit annuel en capital doit être plus considérable encore, parce que cette constitution, à l'inverse des rentes viagères immédiates qui ne concernent que les vieillards, ayant réussi, dans le cours d'une longue carrière, à faire quelques économies, regarde les personnes de tout âge, de tout sexe et de toute condition, même les riches, car les revers de fortune sont souvent soudains, et les riches pourront être bien aises, un jour, d'avoir assuré l'avenir au moyen d'une parcelle du superflu présent.

Les fonds prêtés par le Gouvernement produiront d'ailleurs des rentrées annuelles s'élevant à 8 ou 9 pour cent en moyenne.

Voilà déjà une source de nombreux produits en échange desquels le Gouvernement n'a jamais à rembourser de capitaux.

Le second moyen consiste à recevoir directement l'argent de tous les détenteurs de fonds, grands ou petits, contre des inscriptions de rente 5 % au pair, que l'administration émettra à mesure des besoins du public. Nous verrons, dans un moment, que cette mesure aussi simple que peu nouvelle, doit procurer au Gouvernement autant d'argent qu'il en voudra, par le seul effet des mesures qui seront proposées.

Cette forme d'emprunt n'expose pas non plus l'administration à la plus légère perturbation, quelles que puissent être les crises financières, lesquelles doivent d'ailleurs être bien rares, si ce n'est même disparaître, une fois que le Gouvernement sera devenu le centre du crédit. En aucun cas, en effet, l'État n'est astreint au remboursement forcé de capitaux; le remboursement ne peut être que volontaire de sa part, puisqu'il ne doit que des rentes ou sommes annuelles dont le chiffre sera constamment inférieur à celui des recouvrements qu'il aura lui-même à opérer par suite de ses prêts en viager.

Bénéfice de notre système pour l'Etat.

Nous avons dit que, tout en recueillant les bénédictions de travailleurs habitués à payer 10, 15 et jusqu'à 20 pour cent les fonds qu'on leur prêtait, sans espoir de libération possible, le Gouvernement pouvait retirer 6 pour cent de son argent, c'est-à-dire le taux commercial. La différence en sa faveur est donc de 1 pour cent, puisqu'il emprunte à 5 et place à 6.

D'un autre côté, il perçoit, pour couverture de la chance de perte du capital prêté, chance qui se réalise par le décès de l'emprunteur, une prime de 3 pour cent en moyenne ; ce qui suppose que l'âge moyen des emprunteurs sera de 37 ans environ. Cette prime, basée sur la loi de mortalité de Duvillard, est trop forte de 25 pour cent qui deviennent le profit du prêteur. Les emprunts hypothécaires s'élèvent moyennement à cinq ou six cents millions par an (et ce chiffre devra tendre à s'accroître par suite des avantages réels qu'offrent les prêts pratiqués comme nous l'entendons). Le Gouvernement fera donc, pour la première année, par la seule différence de l'intérêt, un bénéfice de six millions, ci . . . . .Fr. 6,000,000 »

Le bénéfice de la prime d'assurance, soit 25 pour cent sur 18 millions, sera de . . . . . . .Fr. 4,500,000 »

Bénéfice de la première année . . . . .Fr. 10,500,000 »

Ce même bénéfice, fourni par les opérations de la première année, se reproduira l'année suivante, sauf la diminution provenant des extinctions survenues dans le courant de la même première année. Cette diminution sera, suivant les probabilités, de 185,850 fr., savoir :

106,200 fr. pour perte d'intérêt à 1 pour cent sur 10,620,000 fr. éteints par le décès des emprunteurs, et 79,650 fr. pour manque de bénéfice sur 318,600 francs de primes éteintes pour la même cause.

Le bénéfice net des opérations de la première année, au bout du deuxième exercice, sera donc de........Fr. 10,314,150　»

A quoi ajoutant le bénéfice des opérations de la seconde année, soit.....................Fr. 10,500,000　»

Nous avons pour bénéfice total de la deuxième année...................................Fr. 20,814,150　»

sans compter qu'une somme de 31 millions aura été acquise aux héritiers des emprunteurs décédés qui n'auront payé cependant, les uns qu'une seule année de rente, et les autres, rien du tout (1).

Les bénéfices seront ainsi progressifs de 10 millions environ chaque année, jusqu'au jour où les agriculteurs, favorisés par les conditions faciles et avantageuses de l'État, diminueront le nombre des opérations par le seul fait de la position aisée du grand nombre et de la disparition des besoins.

D'après cela, on peut facilement renoncer aux produits du timbre et de l'enregistrement, en ce qui concerne les transactions hypothécaires, soit pour l'inscription, soit pour la libération. Ces impôts produisent en effet, année commune, à peu près 11,151,000 francs,

Savoir :

Pour droits d'enregistrement des prêts....Fr.　5,407,000　»
Pour droits d'enregistrement des actes de libération..............................Fr.　2,139,000　»
Pour inscription d'hypothèques...........　605,000　»
Pour droits de timbre....................　3,000,000　»

Somme égale........　11,151,000　»

---

(1) Pour la plus facile intelligence de ce raisonnement chiffré, nous avons supposé la rente payable d'avance, et les chiffres donnés sont parfaitement exacts. Mais si la rente était payable fin d'année, le produit de la première année serait de...fr.　10,314,150　»
Et celui des opérations de la deuxième.................　20,441,514　»
Ces chiffres sont, du reste, fort peu différents des premiers.

Mesures à prendre pour assurer l'efficacité du second moyen.

Nous avons dit que le second moyen consistait à recevoir l'argent des détenteurs de fonds, en échange d'inscriptions de rente 5 p. % au pair. Pour assurer l'efficacité de cette mesure, il faut une loi qui interdise à tout particulier de placer des fonds sur hypothèques, directement et par lui-même. Le capitaliste, n'ayant pas alors d'autre voie ouverte à ses écus que le commerce et l'industrie dont les périlleuses chances lui ont toujours fait peur, recourra nécessairement à l'inscription de rente.

Une pareille loi, dira-t-on, violente la liberté des citoyens et détruit leur libre arbitre en les privant du choix de leurs placements. Nous répondons que cette objection est puérile et que tout citoyen de bonne foi et sans passion, ne croira pas plus à la privation de sa liberté qu'on ne détruit celle de l'enfant en lui arrachant des mains l'instrument dangereux avec lequel il pourrait se blesser. La loi proposée rendra, au contraire, d'éminents services aux citoyens.

1° Elle leur assure un moyen simple et facile de tirer profit, à l'instant même, de toute somme dont aujourd'hui ils sont obligés d'attendre l'emploi, soit par défaut d'occasion, soit par exiguïté du chiffre de leur avoir. C'est un avantage, ce nous semble, que celui d'être assuré de l'emploi instantané et productif des plus petites sommes ;

2° Elle leur épargne les pertes de temps, les frais, les nombreuses et ennuyeuses démarches auxquels, pour connaître les garanties de l'emprunteur, est astreinte toute personne qui se propose de faire un placement hypothécaire ;

3° Et c'est ici le point culminant, le placement sur l'état produira le même intérêt que le placement hypothécaire, et le bailleur de fonds se trouvera affranchi de toutes les chances de perte, ou plutôt des pertes réelles qui résultent si souvent des choix hypothécaires les mieux combinés et qui paraissaient les plus assurés. De plus, il pourra rentrer dans son capital, à volonté, par la vente de son inscription de rente, avantage immense qui n'existe pas avec les prêts hypothécaires. Là, en effet, l'époque du remboursement est toujours fixée, et même sans aucune certitude ; car, le terme arrivé, il faut fréquemment recourir aux longueurs interminables d'une expropriation en règle, pour obtenir la rentrée de ses fonds.

Nous avons besoin toutefois d'insister sur notre assertion, à savoir que le porteur d'une inscription pourra toujours, à volonté, en réaliser le prix.

Dans les temps ordinaires, cela nous semble évident, d'après ce qui se passe journellement sous nos yeux. D'un autre côté, tout particulier sachant que, sans s'en faire une obligation formelle, le Gouvernement sera toujours disposé à racheter sa dette, ne pourra s'empêcher de considérer une inscription de rente comme une valeur toujours disponible et réalisable en espèces. La simple action des particuliers suffira donc seule pour donner aux titres de rente sur l'État toute la portée de valeurs réalisables à volonté.

Dans les temps de crise, c'est le Gouvernement qui se chargera de ce soin. Y aura-t-il intérêt? Évidemment, puisqu'il rachète au-dessous du pair, et qu'en même temps il dissipe les paniques et rassure les esprits en maintenant son influence. Sa puissante action ne permettra pas aux causes perturbatrices de prendre racine dans le domaine de son crédit. En aura-t-il les moyens? Les fonds qui affluent d'ordinaire à l'hypothèque ont toujours suffi aux besoins des emprunteurs. Il restera donc à la disposition du Trésor les fonds provenant des opérations de rentes viagères, soit immédiates, soit différées, ainsi que ceux des innombrables petits capitalistes, dont notre système provoque la circulation en les forçant à sortir des plus humbles cachettes.

D'autre part, les particuliers ne sauraient jamais s'éloigner complétement de la rente; car, dans les temps de calme, n'y pouvant jamais entrer qu'au pair, il est fort probable, au contraire, qu'ils mettraient un grand empressement à en acheter, une fois qu'elle serait au-dessous.

De bonne foi, de pareils avantages ne peuvent permettre à qui que ce soit de crier à la tyrannie contre la loi en question; ils sont trop manifestes et trop importants.

Conséquences de cette loi en faveur du Gouvernement.

Les conséquences en faveur du Gouvernement sont de deux sortes : 1° au point de vue de ses attributions, de ses devoirs envers le pays ; 2° au point de vue de son intérêt personnel financier et économique.

Au point de vue de ses attributions, le Gouvernement doit aux citoyens la refonte de la législation hypothécaire actuelle dont tout le monde, gouvernants et gouvernés, accuse, depuis bien des années, l'incontestable imperfection, de cette législation dont le ministère-borne de la monarchie avait lui-même été contraint de promettre la révision dans le dernier discours de la couronne. Le Gouvernement de la République ne peut pas faire moins, en présence des intérêts si nombreux et si graves qui réclament une nouvelle loi hypothécaire. Son patriotisme ne lui permet pas de différer la satisfaction de l'attente publique sous ce rapport. Mais comment arriver au but ?

D'après la circulaire du garde des sceaux, en date du 7 mai 1841, on a consulté sur cette matière la cour de cassation, toutes les cours royales, toutes les Facultés de droit du royaume ; qu'en est-il résulté ? rien qu'un fatras d'idées, de vues et d'opinions contraires, qu'une lutte entre le progrès tâtonnant jusqu'à la témérité, et l'immobilisme routinier pour qui tout est toujours au mieux. La conclusion des travaux de tant d'hommes éminents, de tant de recherches et de méditations, fut le maintien de ce qui existait. Ce n'est qu'en désespoir de cause et seulement pour avoir l'air de faire quelque chose que le dernier ministère de la monarchie avait promis de présenter une nouvelle loi pendant la session de 1848 ; car, jusqu'à la mort de M. Martin du Nord, qui avait à sa disposition tous les documents dont nous venons de parler, l'opinion ministérielle en était au *statu quo*.

Devant une pareille question, le Gouvernement de la République, s'il veut suivre d'anciens errements, ne fera pas mieux, malgré toute l'ardeur de son dévouement à la prospérité du pays. Tant que des intérêts divers et opposés pourront venir chercher leurs garanties sur le même gage, il y aura forcément des hypothèques de premier, deuxième et troisième rangs, et, dès lors, nous voyons invinciblement reparaître tout le cortége des anciennes difficultés et la ruine de l'emprunteur sans profit pour le prêteur.

Par le système proposé par nous, le Gouvernement est affranchi de toute obligation à cet égard. La loi hypothécaire qu'on réclame si impérieusement aujourd'hui est toute faite, puisque les capitaux des particuliers ne sont plus en contact qu'avec le Gouvernement qui, seul, a le droit de les reverser sur la propriété, et qui, seul, est appelé, par conséquent, à prendre ses sûretés hypothécaires.

Ce système qui répond à l'urgence du moment, en rendant inutile toute loi hypothécaire, au point de vue des intérêts privés, n'épargne pas seulement au pays une grave et inextricable question, mais il a de plus l'avantage d'assurer la position de l'Etat comme prêteur hypothécaire; car, seul hypothécaire possible, il n'a plus à craindre désormais que d'outre-passer, dans ses prêts, la valeur réel des biens. Or, il est très-facile de l'affranchir de cette crainte.

En effet, le produit net de l'agriculture est d'environ 1,345 millions; or le produit du sol, pour celui qui ne cultive pas par lui-même, est porté généralement de 3 à 4 p. 0/0 ; mettons 4. A ce taux, les 1,345 millions de revenu net représentent une propriété foncière de 34 milliards (33 milliards 625 millions). Cela posé, il nous sera excessivement facile de connaître la valeur des propriétés que possède chaque individu ; une simple règle de proportion en donnera le chiffre. La contribution foncière, en effet, est égale à un cinquième du revenu net, soit 269 millions. 269 millions d'impôt foncier représentent donc la valeur totale du sol, ou 34 milliards, et 1 franc d'imposition représentera une propriété de 126 fr. 40 c. Ce dernier chiffre, multiplié par l'impôt foncier que paye chaque particulier, nous donnera l'importance de sa fortune en terres. Ainsi une personne qui payera 425 francs de contributions foncières, possédera en biens-fonds 425 fois 126 fr. 40 c., soit 53,720 francs. Celui qui payera 1,500 francs possédera une fortune de 189,600 francs, et ainsi de suite.

Le Gouvernement pourra, d'ailleurs, pour éviter le résultat des chances d'erreur dans l'appréciation des biens, poser en principe de ne jamais dépasser, dans ses prêts, la moitié ou les deux tiers de la valeur calculée de ces mêmes biens.

Voyons maintenant quelles facilités, quelles simplifications vont résulter de ce système. Le chaos du régime hypothécaire se réduit à une simple comptabilité commerciale, ayant son livre-journal, son grand-livre et le compte courant de chaque propriétaire séparément contrôlé par le compte courant général du grand-livre.

En effet, chaque propriétaire sera débité, par le crédit de la propriété foncière, de la somme que représente, à l'échelle qui vient d'être indiquée, la portion de terre qu'il possède, et les divers débits doivent former, pour la balance, un chiffre égal à la totalité du sol, soit 34 milliards. La réunion des divers soldes des comptes courants partiels devra donc aussi donner exactement la même somme qui restera invariable, ses divers éléments variant sans cesse.

Chaque compte courant mentionnera dans une colonne *ad hoc* la somme ou les sommes qui grèveraient la propriété qui en fait l'objet : de sorte qu'un simple coup d'œil sur un compte courant quelconque suffira pour faire connaître la situation exacte de tout propriétaire, soit au Gouvernement à qui l'on demande un prêt, soit à tout acheteur qui a besoin de s'en assurer.

Une comptabilité aussi simple sera tenue sans efforts et sans beaucoup de travail par la recette des finances. De là, suppression des employés aux hypothèques, et, par conséquent, suppression de dépenses, et pour le Gouvernement et pour les emprunteurs.

D'un autre côté, s'il est vrai que l'institution du cadastre n'ait spécialement et presque uniquement pour objet qu'une meilleure assiette de l'impôt, qu'une répartition plus équitable de l'impôt, nous la croyons devenue également inutile ; car l'essentiel n'est pas de courir après une équité matérielle qui n'est pas de ce monde, mais bien de faire en sorte que chaque contribuable gagne assez largement sa vie pour acquitter ses impositions sans regrets, sans examiner ce que paye ou ne paye pas son voisin, et si ce voisin est plus ou moins équitablement imposé.

Nous croyons également inutile l'existence séparée et spéciale de l'administration de l'enregistrement ; car, dans notre système, la transcription des actes ne donne plus lieu qu'à un simple article de comptabilité au livre-journal, et le nombre des actes soumis au droit d'enregistrement se trouve réduit d'ailleurs des deux tiers au moins, puisque les actes de vente ou d'achats seuls en sont passibles, les actes hypothécaires étant désormais supprimés.

Le but de l'enregistrement, au surplus, est de donner aux actes une date certaine et de procurer des ressources au trésor. Or, la première partie du but est aussi bien obtenue par notre système que par la méthode ancienne, et la seconde se trouve plus assurée ; car, les recettes des finances et de l'enregistrement une fois réunies dans les mêmes mains, contrairement à ce qui avait lieu fréquemment, aucun acte de vente ne peut être soustrait au payement du droit de mutation. L'acheteur et le vendeur sont également intéressés à faire la déclaration de la mutation, le premier, pour valider son acquisition, comme par le passé ; le second, pour se faire dégrever d'impositions devenues sans objet et qui continueraient pourtant à le charger tant qu'il n'y aurait pas déclaration de vente. Or, devant la nécessité absolue de la déclaration, soit pour l'acheteur, soit pour le vendeur, soit pour l'un d'eux seulement, tombe toute possibilité d'échapper au payement des droits, puisque c'est la même personne qui est chargée de la double mission de recevoir l'une et les autres. De plus, le fisc sera certain du chiffre du prix de la vente ; si l'acheteur, en effet, est intéressé, comme auparavant, à déguiser la vérité, le vendeur, lui, est intéressé à la faire connaître tout entière ; autrement, il aurait à continuer le payement d'impôts qu'il ne doit pas, puisque, si la déclaration ne portait que sur 10,000 francs, par exemple, quand le prix de la vente serait, en réalité de 20,000 francs, il continuerait à être imposé pour le surplus. Or, la recette de l'enregistrement coûte chaque année à l'État plus de 10 millions.

Nous ignorons ce que lui coûtent le cadastre et les bureaux de la conservation des hypothèques, mais, à coup sûr, une assez large économie doit résulter de leur suppression et de leur fusion dans la recette des finances.

Autres conséquences en faveur de tout le monde.

Notre système porte en lui-même :

1º La destruction immédiate de l'agiotage sur les rentes de l'État.

Il est évident, en effet, que les rentes ne pourront jamais dépasser le pair, dès que l'État tiendra constamment à la disposition de chacun une inscription de rente au pair. Il n'y aura plus de raison de payer 102, 105, 115 et même 120 francs, une rente de 5 francs, par exemple, qu'on pourra toujours se procurer à 100 francs.

2º Retour immédiat ou très-prochain et forcé des rentes au pair.

Les fonds ne trouvant plus de débouché direct sur la propriété foncière, doivent, comme nous l'avons prouvé, affluer au Gouvernement qui placera lui-même plus avantageusement et plus sûrement l'argent des particuliers ; mais auparavant, ils passeront infailliblement par la rente qui se trouve au-dessous du pair, puisqu'il est naturel de ne pas payer 100 francs ce qu'on peut obtenir à 70 ou 75 francs. La seule nécessité de l'affluence des capitaux à la rente suffira, avant même qu'ils y arrivent, pour la faire sur-le-champ et rapidement remonter vers le pair. Chacun voudra acheter et personne ne voudra céder, avant d'avoir retrouvé le prix véritable de sa marchandise dont l'exacte appréciation ne doit pas se faire attendre. Cela nous semble manifeste et inévitable.

Nous laissons à d'autres le soin de poursuivre maintenant toutes les autres conséquences médiates ou immédiates de nos idées. Le temps presse ; nous nous arrêtons là, mais bien décidé toutefois et tout prêt à aller en avant, si nous sommes assez heureux pour voir favorablement accueilli ce premier échantillon de nos manières de voir en organisation financière.

Paris, Paul Dupont.